대한민국 법령 시리즈 183

소 년 법

법령

해광출판사

머리말

이 책은 방대한 법전을 보지 않고 간편하게 해당되는 법령만 참고해서 볼 수 있도록 하였습니다. 공공기관이나 관련 종사자들이 쉽고 간편하게 해당 법령을 참조 할 수 있도록 하였습니다.

법률이라는 것이 크든 작든 항상 변하는 관계로, 출간 이후의 정확하고 최신의 법률은 법제처 국가법령정보센터에서 확인이 가능하니 법률의 실제 적용 시 확인이 필요한 점 유의하기를 바랍니다.

편집부

* 수록 법률은 법제처 국가법령정보센터에서 확인 가능합니다.
* 발행일 기준 시행 법률이므로 최신 법령은 위 센터에서 볼 수 있습니다.
* 본 책자에 수록된 법률의 문구에 대하여 법적인 효력은 없으며,
  실제 적용 법률은 위 센터에서 최신의 법률로 확인하시기 바랍니다.
* 해당 법령과 함께 시행령, 시행규칙도 수록되어 있습니다.
* 발행일 기준으로 개정 예정 법률은 밑줄로 별도 표시되어 있으며,
  보다 정확한 것은 법제처에서 확인하기 바랍니다.

목차

소년법 / 7

소년법

[시행 2021. 4. 21.] [법률 제17505호, 2020. 10. 20., 타법개정]

제1장 총칙 〈개정 2007. 12. 21.〉

제1조(목적)

제2조(소년 및 보호자)

제2장 보호사건 〈개정 2007. 12. 21.〉

제1절 통칙 〈개정 2007. 12. 21.〉

제3조(관할 및 직능)

제4조(보호의 대상과 송치 및 통고)

제5조(송치서)

제6조(이송)

제7조(형사처분 등을 위한 관할 검찰청으로의 송치)

제8조(통지)

제2절 조사와 심리 〈개정 2007. 12. 21.〉

제9조(조사 방침)

제10조(진술거부권의 고지)

제11조(조사명령)

제12조(전문가의 진단)

제13조(소환 및 동행영장)

제14조(긴급동행영장)

제15조(동행영장의 방식)

제16조(동행영장의 집행)

제17조(보조인 선임)

제17조의2(국선보조인)

제18조(임시조치)

제19조(심리 불개시의 결정)

제20조(심리 개시의 결정)

제21조(심리 기일의 지정)

제22조(기일 변경)

제23조(심리의 개시)

제24조(심리의 방식)

제25조(의견의 진술)
제25조의2(피해자 등의 진술권)
제25조의3(화해권고)
제26조(증인신문, 감정, 통역 · 번역)
제27조(검증, 압수, 수색)
제28조(원조, 협력)
제29조(불처분 결정)
제30조(기록의 작성)
제30조의2(기록의 열람 · 등사)
제31조(위임규정)
제3절 보호처분 〈개정 2007. 12. 21.〉
제32조(보호처분의 결정)
제32조의2(보호관찰처분에 따른 부가처분 등)
제33조(보호처분의 기간)
제34조(몰수의 대상)
제35조(결정의 집행)
제36조(보고와 의견 제출)
제37조(처분의 변경)
제38조(보호처분의 취소)
제39조(보호처분과 유죄판결)
제40조(보호처분의 경합)
제41조(비용의 보조)
제42조(증인 등의 비용)
제4절 항고 〈개정 2007. 12. 21.〉
제43조(항고)
제44조(항고장의 제출)
제45조(항고의 재판)
제46조(집행 정지)
제47조(재항고)
제3장 형사사건 〈개정 2007. 12. 21.〉
제1절 통칙 〈개정 2007. 12. 21.〉
제48조(준거법례)
제49조(검사의 송치)
제49조의2(검사의 결정 전 조사)
제49조의3(조건부 기소유예)
제50조(법원의 송치)

제51조(이송)
제52조(소년부 송치 시의 신병 처리)
제53조(보호처분의 효력)
제54조(공소시효의 정지)
제55조(구속영장의 제한)
제2절 심판 〈개정 2007. 12. 21.〉
제56조(조사의 위촉)
제57조(심리의 분리)
제58조(심리의 방침)
제59조(사형 및 무기형의 완화)
제60조(부정기형)
제61조(미결구금일수의 산입)
제62조(환형처분의 금지)
제63조(징역 · 금고의 집행)
제64조(보호처분과 형의 집행)
제65조(가석방)
제66조(가석방 기간의 종료)
제67조(자격에 관한 법령의 적용)
제3장의2 비행 예방 〈신설 2007. 12. 21.〉
제67조의2(비행 예방정책)
제4장 벌칙 〈개정 2007. 12. 21.〉
제68조(보도 금지)
제69조(나이의 거짓 진술)
제70조(조회 응답)
제71조(소환의 불응 및 보호자 특별교육명령 불응)

**개정 예정 법률 밑줄 별도 표시.

소년법

[시행 2021. 4. 21.] [법률 제17505호, 2020. 10. 20., 타법개정]

제1장 총칙 〈개정 2007. 12. 21.〉

제1조(목적) 이 법은 반사회성(反社會性)이 있는 소년의 환경 조정과 품행 교정(矯正)을 위한 보호처분 등의 필요한 조치를 하고, 형사처분에 관한 특별조치를 함으로써 소년이 건전하게 성장하도록 돕는 것을 목적으로 한다.

[전문개정 2007. 12. 21.]

제2조(소년 및 보호자) 이 법에서 "소년"이란 19세 미만인 자를 말하며, "보호자"란 법률상 감호교육(監護教育)을 할 의무가 있는 자 또는 현재 감호하는 자를 말한다.

[전문개정 2007. 12. 21.]

제2장 보호사건 〈개정 2007. 12. 21.〉

제1절 통칙 〈개정 2007. 12. 21.〉

제3조(관할 및 직능) ① 소년 보호사건의 관할은 소년의 행위지, 거주지 또는 현재지로 한다.

② 소년 보호사건은 가정법원소년부 또는 지방법원소년부[이하 "소년부(少年部)"라 한다]에 속한다.

③ 소년 보호사건의 심리(審理)와 처분 결정은 소년부 단독판사가 한다.

[전문개정 2007. 12. 21.]

제4조(보호의 대상과 송치 및 통고) ① 다음 각 호의 어느 하나에 해당하는 소년은 소년부의 보호사건으로 심리한다.

1. 죄를 범한 소년

2. 형벌 법령에 저촉되는 행위를 한 10세 이상 14세 미만인 소년

3. 다음 각 목에 해당하는 사유가 있고 그의 성격이나 환경에 비추어 앞으로 형벌 법령에 저촉되는 행위를 할 우려가 있는 10세 이상인 소년

가. 집단적으로 몰려다니며 주위 사람들에게 불안감을 조성하는 성벽(性癖)이 있는 것

나. 정당한 이유 없이 가출하는 것

다. 술을 마시고 소란을 피우거나 유해환경에 접하는 성벽이 있는 것

② 제1항제2호 및 제3호에 해당하는 소년이 있을 때에는 경찰서장은 직접 관할 소년부에 송치(送致)하여야 한다.

③ 제1항 각 호의 어느 하나에 해당하는 소년을 발견한 보호자 또는 학교 · 사회복리시설 · 보호관찰소(보호관찰지소를 포함한다. 이하 같다)의 장은 이를 관할 소년부에 통고할 수 있다.

[전문개정 2007. 12. 21.]

제5조(송치서) 소년 보호사건을 송치하는 경우에는 송치서에 사건 본인의 주거 · 성명 · 생년월일 및 행위의 개요와 가정 상황을 적고,

그 밖의 참고자료를 첨부하여야 한다.

[전문개정 2007. 12. 21.]

제6조(이송) ① 보호사건을 송치받은 소년부는 보호의 적정을 기하기 위하여 필요하다고 인정하면 결정(決定)으로써 사건을 다른 관할 소년부에 이송할 수 있다.

② 소년부는 사건이 그 관할에 속하지 아니한다고 인정하면 결정으로써 그 사건을 관할 소년부에 이송하여야 한다.

[전문개정 2007. 12. 21.]

제7조(형사처분 등을 위한 관할 검찰청으로의 송치) ① 소년부는 조사 또는 심리한 결과 금고 이상의 형에 해당하는 범죄 사실이 발견된 경우 그 동기와 죄질이 형사처분을 할 필요가 있다고 인정하면 결정으로써 사건을 관할 지방법원에 대응한 검찰청 검사에게 송치하여야 한다.

② 소년부는 조사 또는 심리한 결과 사건의 본인이 19세 이상인 것으로 밝혀진 경우에는 결정으로써 사건을 관할 지방법원에 대응하는 검찰청 검사에게 송치하여야 한다. 다만, 제51조에 따라 법원에 이송하여야 할 경우에는 그러하지 아니하다.

[전문개정 2007. 12. 21.]

제8조(통지) 소년부는 제6조와 제7조에 따른 결정을 하였을 때에는 지체 없이 그 사유를 사건 본인과 그 보호자에게 알려야 한다.

[전문개정 2007. 12. 21.]

제2절 조사와 심리 〈개정 2007. 12. 21.〉

제9조(조사 방침) 조사는 의학·심리학·교육학·사회학이나 그 밖의 전문적인 지식을 활용하여 소년과 보호자 또는 참고인의 품행, 경력, 가정 상황, 그 밖의 환경 등을 밝히도록 노력하여야 한다.

[전문개정 2007. 12. 21.]

제10조(진술거부권의 고지) 소년부 또는 조사관이 범죄 사실에 관하여 소년을 조사할 때에는 미리 소년에게 불리한 진술을 거부할 수 있음을 알려야 한다.

[전문개정 2007. 12. 21.]

제11조(조사명령) ① 소년부 판사는 조사관에게 사건 본인, 보호자 또는 참고인의 심문이나 그 밖에 필요한 사항을 조사하도록 명할 수 있다.

② 소년부는 제4조제3항에 따라 통고된 소년을 심리할 필요가 있다고 인정하면 그 사건을 조사하여야 한다.

[전문개정 2007. 12. 21.]

제12조(전문가의 진단) 소년부는 조사 또는 심리를 할 때에 정신건강의학과의사·심리학자·사회사업가·교육자나 그 밖의 전문가의 진단, 소년 분류심사원의 분류심사 결과와 의견, 보호관찰소의 조사 결과와 의견 등을 고려하여야 한다. 〈개정 2011. 8. 4.〉

[전문개정 2007. 12. 21.]

제13조(소환 및 동행영장) ① 소년부 판사는 사건의 조사 또는 심리에 필요하다고 인정하면 기일을 지정하여 사건 본인이나 보호자 또는 참고인을 소환할 수 있다.

② 사건 본인이나 보호자가 정당한 이유 없이 소환에 응하지 아

니하면 소년부 판사는 동행영장을 발부할 수 있다.

[전문개정 2007. 12. 21.]

제14조(긴급동행영장) 소년부 판사는 사건 본인을 보호하기 위하여 긴급조치가 필요하다고 인정하면 제13조제1항에 따른 소환 없이 동행영장을 발부할 수 있다.

[전문개정 2007. 12. 21.]

제15조(동행영장의 방식) 동행영장에는 다음 각 호의 사항을 적고 소년부 판사가 서명날인하여야 한다.

1. 소년이나 보호자의 성명
2. 나이
3. 주거
4. 행위의 개요
5. 인치(引致)하거나 수용할 장소
6. 유효기간 및 그 기간이 지나면 집행에 착수하지 못하며 영장을 반환하여야 한다는 취지
7. 발부연월일

[전문개정 2007. 12. 21.]

제16조(동행영장의 집행) ① 동행영장은 조사관이 집행한다.

② 소년부 판사는 소년부 법원서기관ㆍ법원사무관ㆍ법원주사ㆍ법원주사보나 보호관찰관 또는 사법경찰관리에게 동행영장을 집행하게 할 수 있다.

③ 동행영장을 집행하면 지체 없이 보호자나 보조인에게 알려야 한다.

[전문개정 2007. 12. 21.]

제17조(보조인 선임) ① 사건 본인이나 보호자는 소년부 판사의 허가를 받아 보조인을 선임할 수 있다.

② 보호자나 변호사를 보조인으로 선임하는 경우에는 제1항의 허가를 받지 아니하여도 된다.

③ 보조인을 선임함에 있어서는 보조인과 연명날인한 서면을 제출하여야 한다. 이 경우 변호사가 아닌 사람을 보조인으로 선임할 경우에는 위 서면에 소년과 보조인과의 관계를 기재하여야 한다.

④ 소년부 판사는 보조인이 심리절차를 고의로 지연시키는 등 심리진행을 방해하거나 소년의 이익에 반하는 행위를 할 우려가 있다고 판단하는 경우에는 보조인 선임의 허가를 취소할 수 있다.

⑤ 보조인의 선임은 심급마다 하여야 한다.

⑥ 「형사소송법」 중 변호인의 권리의무에 관한 규정은 소년 보호사건의 성질에 위배되지 아니하는 한 보조인에 대하여 준용한다.

[전문개정 2007. 12. 21.]

제17조의2(국선보조인) ① 소년이 소년분류심사원에 위탁된 경우 보조인이 없을 때에는 법원은 변호사 등 적정한 자를 보조인으로 선정하여야 한다.

② 소년이 소년분류심사원에 위탁되지 아니하였을 때에도 다음의 경우 법원은 직권에 의하거나 소년 또는 보호자의 신청에 따라 보조인을 선정할 수 있다.

1. 소년에게 신체적·정신적 장애가 의심되는 경우

2. 빈곤이나 그 밖의 사유로 보조인을 선임할 수 없는 경우

3. 그 밖에 소년부 판사가 보조인이 필요하다고 인정하는 경우

③ 제1항과 제2항에 따라 선정된 보조인에게 지급하는 비용에 대하여는 「형사소송비용 등에 관한 법률」을 준용한다.

[본조신설 2007. 12. 21.]

제18조(임시조치) ① 소년부 판사는 사건을 조사 또는 심리하는 데에 필요하다고 인정하면 소년의 감호에 관하여 결정으로써 다음 각 호의 어느 하나에 해당하는 조치를 할 수 있다.

1. 보호자, 소년을 보호할 수 있는 적당한 자 또는 시설에 위탁
2. 병원이나 그 밖의 요양소에 위탁
3. 소년분류심사원에 위탁

② 동행된 소년 또는 제52조제1항에 따라 인도된 소년에 대하여는 도착한 때로부터 24시간 이내에 제1항의 조치를 하여야 한다.

③ 제1항제1호 및 제2호의 위탁기간은 3개월을, 제1항제3호의 위탁기간은 1개월을 초과하지 못한다. 다만, 특별히 계속 조치할 필요가 있을 때에는 한 번에 한하여 결정으로써 연장할 수 있다.

④ 제1항제1호 및 제2호의 조치를 할 때에는 보호자 또는 위탁받은 자에게 소년의 감호에 관한 필요 사항을 지시할 수 있다.

⑤ 소년부 판사는 제1항의 결정을 하였을 때에는 소년부 법원서기관·법원사무관·법원주사·법원주사보, 소년분류심사원 소속 공무원, 교도소 또는 구치소 소속 공무원, 보호관찰관 또는 사법경찰관리에게 그 결정을 집행하게 할 수 있다.

⑥ 제1항의 조치는 언제든지 결정으로써 취소하거나 변경할 수 있다.

[전문개정 2007. 12. 21.]

제19조(심리 불개시의 결정) ① 소년부 판사는 송치서와 조사관의 조사보고에 따라 사건의 심리를 개시(開始)할 수 없거나 개시할 필요가 없다고 인정하면 심리를 개시하지 아니한다는 결정을 하여야 한다. 이 결정은 사건 본인과 보호자에게 알려야 한다.

② 사안이 가볍다는 이유로 심리를 개시하지 아니한다는 결정을 할 때에는 소년에게 훈계하거나 보호자에게 소년을 엄격히 관리하거나 교육하도록 고지할 수 있다.

③ 제1항의 결정이 있을 때에는 제18조의 임시조치는 취소된 것으로 본다.

④ 소년부 판사는 소재가 분명하지 아니하다는 이유로 심리를 개시하지 아니한다는 결정을 받은 소년의 소재가 밝혀진 경우에는 그 결정을 취소하여야 한다.

[전문개정 2007. 12. 21.]

제20조(심리 개시의 결정) ① 소년부 판사는 송치서와 조사관의 조사보고에 따라 사건을 심리할 필요가 있다고 인정하면 심리 개시 결정을 하여야 한다.

② 제1항의 결정은 사건 본인과 보호자에게 알려야 한다. 이 경우 심리 개시 사유의 요지와 보조인을 선임할 수 있다는 취지를 아울러 알려야 한다.

[전문개정 2007. 12. 21.]

제21조(심리 기일의 지정) ① 소년부 판사는 심리 기일을 지정하고 본인과 보호자를 소환하여야 한다. 다만, 필요가 없다고 인정한 경

우에는 보호자는 소환하지 아니할 수 있다.

② 보조인이 선정된 경우에는 보조인에게 심리 기일을 알려야 한다.

[전문개정 2007. 12. 21.]

제22조(기일 변경) 소년부 판사는 직권에 의하거나 사건 본인, 보호자 또는 보조인의 청구에 의하여 심리 기일을 변경할 수 있다. 기일을 변경한 경우에는 이를 사건 본인, 보호자 또는 보조인에게 알려야 한다.

[전문개정 2007. 12. 21.]

제23조(심리의 개시) ① 심리 기일에는 소년부 판사와 서기가 참석하여야 한다.

② 조사관, 보호자 및 보조인은 심리 기일에 출석할 수 있다.

[전문개정 2007. 12. 21.]

제24조(심리의 방식) ① 심리는 친절하고 온화하게 하여야 한다.

② 심리는 공개하지 아니한다. 다만, 소년부 판사는 적당하다고 인정하는 자에게 참석을 허가할 수 있다.

[전문개정 2007. 12. 21.]

제25조(의견의 진술) ① 조사관, 보호자 및 보조인은 심리에 관하여 의견을 진술할 수 있다.

② 제1항의 경우에 소년부 판사는 필요하다고 인정하면 사건 본인의 퇴장을 명할 수 있다.

[전문개정 2007. 12. 21.]

제25조의2(피해자 등의 진술권) 소년부 판사는 피해자 또는 그 법정대리인 · 변호인 · 배우자 · 직계친족 · 형제자매(이하 이 조에서 "대리

인등"이라 한다)가 의견진술을 신청할 때에는 피해자나 그 대리인등에게 심리 기일에 의견을 진술할 기회를 주어야 한다. 다만, 다음 각 호의 어느 하나에 해당하는 경우에는 그러하지 아니하다.

1. 신청인이 이미 심리절차에서 충분히 진술하여 다시 진술할 필요가 없다고 인정되는 경우

2. 신청인의 진술로 심리절차가 현저하게 지연될 우려가 있는 경우

[본조신설 2007. 12. 21.]

제25조의3(화해권고) ① 소년부 판사는 소년의 품행을 교정하고 피해자를 보호하기 위하여 필요하다고 인정하면 소년에게 피해 변상 등 피해자와의 화해를 권고할 수 있다.

② 소년부 판사는 제1항의 화해를 위하여 필요하다고 인정하면 기일을 지정하여 소년, 보호자 또는 참고인을 소환할 수 있다.

③ 소년부 판사는 소년이 제1항의 권고에 따라 피해자와 화해하였을 경우에는 보호처분을 결정할 때 이를 고려할 수 있다.

[본조신설 2007. 12. 21.]

제26조(증인신문, 감정, 통역·번역) ① 소년부 판사는 증인을 신문(訊問)하고 감정(鑑定)이나 통역 및 번역을 명할 수 있다.

② 제1항의 경우에는 「형사소송법」 중 법원의 증인신문, 감정이나 통역 및 번역에 관한 규정을 보호사건의 성질에 위반되지 아니하는 한도에서 준용한다.

[전문개정 2007. 12. 21.]

제27조(검증, 압수, 수색) ① 소년부 판사는 검증, 압수 또는 수색을 할 수 있다.

② 제1항의 경우에는 「형사소송법」 중 법원의 검증, 압수 및 수색에 관한 규정은 보호사건의 성질에 위반되지 아니하는 한도에서 준용한다.

[전문개정 2007. 12. 21.]

제28조(원조, 협력) ① 소년부 판사는 그 직무에 관하여 모든 행정기관, 학교, 병원, 그 밖의 공사단체(公私團體)에 필요한 원조와 협력을 요구할 수 있다.

② 제1항의 요구를 거절할 때에는 정당한 이유를 제시하여야 한다.

[전문개정 2007. 12. 21.]

제29조(불처분 결정) ① 소년부 판사는 심리 결과 보호처분을 할 수 없거나 할 필요가 없다고 인정하면 그 취지의 결정을 하고, 이를 사건 본인과 보호자에게 알려야 한다.

② 제1항의 결정에 관하여는 제19조제2항과 제3항을 준용한다.

[전문개정 2007. 12. 21.]

제30조(기록의 작성) ① 소년부 법원서기관·법원사무관·법원주사 또는 법원주사보는 보호사건의 조사 및 심리에 대한 기록을 작성하여 조사 및 심리의 내용과 모든 결정을 명확히 하고 그 밖에 필요한 사항을 적어야 한다.

② 조사 기록에는 조사관 및 소년부 법원서기관·법원사무관·법원주사 또는 법원주사보가, 심리기록에는 소년부 판사 및 법원서기관·법원사무관·법원주사 또는 법원주사보가 서명날인하여야 한다.

[전문개정 2007. 12. 21.]

제30조의2(기록의 열람·등사) 소년 보호사건의 기록과 증거물은 소

년부 판사의 허가를 받은 경우에만 열람하거나 등사할 수 있다. 다만, 보조인이 심리 개시 결정 후에 소년 보호사건의 기록과 증거물을 열람하는 경우에는 소년부 판사의 허가를 받지 아니하여도 된다.

[전문개정 2007. 12. 21.]

제31조(위임규정) 소년 보호사건의 심리에 필요한 사항은 대법원규칙으로 정한다.

[전문개정 2007. 12. 21.]

제3절 보호처분 〈개정 2007. 12. 21.〉

제32조(보호처분의 결정) ① 소년부 판사는 심리 결과 보호처분을 할 필요가 있다고 인정하면 결정으로써 다음 각 호의 어느 하나에 해당하는 처분을 하여야 한다. 〈개정 2020. 10. 20.〉

1. 보호자 또는 보호자를 대신하여 소년을 보호할 수 있는 자에게 감호 위탁
2. 수강명령
3. 사회봉사명령
4. 보호관찰관의 단기(短期) 보호관찰
5. 보호관찰관의 장기(長期) 보호관찰
6. 「아동복지법」에 따른 아동복지시설이나 그 밖의 소년보호시설에 감호 위탁
7. 병원, 요양소 또는 「보호소년 등의 처우에 관한 법률」에 따른 의료재활소년원에 위탁
8. 1개월 이내의 소년원 송치

9. 단기 소년원 송치

10. 장기 소년원 송치

② 다음 각 호 안의 처분 상호 간에는 그 전부 또는 일부를 병합할 수 있다.

1. 제1항제1호 · 제2호 · 제3호 · 제4호 처분
2. 제1항제1호 · 제2호 · 제3호 · 제5호 처분
3. 제1항제4호 · 제6호 처분
4. 제1항제5호 · 제6호 처분
5. 제1항제5호 · 제8호 처분

③ 제1항제3호의 처분은 14세 이상의 소년에게만 할 수 있다.

④ 제1항제2호 및 제10호의 처분은 12세 이상의 소년에게만 할 수 있다.

⑤ 제1항 각 호의 어느 하나에 해당하는 처분을 한 경우 소년부는 소년을 인도하면서 소년의 교정에 필요한 참고자료를 위탁받는 자나 처분을 집행하는 자에게 넘겨야 한다.

⑥ 소년의 보호처분은 그 소년의 장래 신상에 어떠한 영향도 미치지 아니한다.

[전문개정 2007. 12. 21.]

제32조의2(보호관찰처분에 따른 부가처분 등) ① 제32조제1항제4호 또는 제5호의 처분을 할 때에 3개월 이내의 기간을 정하여 「보호소년 등의 처우에 관한 법률」에 따른 대안교육 또는 소년의 상담 · 선도 · 교화와 관련된 단체나 시설에서의 상담 · 교육을 받을 것을 동시에 명할 수 있다.

② 제32조제1항제4호 또는 제5호의 처분을 할 때에 1년 이내의 기간을 정하여 야간 등 특정 시간대의 외출을 제한하는 명령을 보호관찰대상자의 준수 사항으로 부과할 수 있다.

③ 소년부 판사는 가정상황 등을 고려하여 필요하다고 판단되면 보호자에게 소년원·소년분류심사원 또는 보호관찰소 등에서 실시하는 소년의 보호를 위한 특별교육을 받을 것을 명할 수 있다.

[본조신설 2007. 12. 21.]

제33조(보호처분의 기간) ① 제32조제1항제1호·제6호·제7호의 위탁기간은 6개월로 하되, 소년부 판사는 결정으로써 6개월의 범위에서 한 번에 한하여 그 기간을 연장할 수 있다. 다만, 소년부 판사는 필요한 경우에는 언제든지 결정으로써 그 위탁을 종료시킬 수 있다.

② 제32조제1항제4호의 단기 보호관찰기간은 1년으로 한다.

③ 제32조제1항제5호의 장기 보호관찰기간은 2년으로 한다. 다만, 소년부 판사는 보호관찰관의 신청에 따라 결정으로써 1년의 범위에서 한 번에 한하여 그 기간을 연장할 수 있다.

④ 제32조제1항제2호의 수강명령은 100시간을, 제32조제1항제3호의 사회봉사명령은 200시간을 초과할 수 없으며, 보호관찰관이 그 명령을 집행할 때에는 사건 본인의 정상적인 생활을 방해하지 아니하도록 하여야 한다.

⑤ 제32조제1항제9호에 따라 단기로 소년원에 송치된 소년의 보호기간은 6개월을 초과하지 못한다.

⑥ 제32조제1항제10호에 따라 장기로 소년원에 송치된 소년의 보호기간은 2년을 초과하지 못한다.

⑦ 제32조제1항제6호부터 제10호까지의 어느 하나에 해당하는 처분을 받은 소년이 시설위탁이나 수용 이후 그 시설을 이탈하였을 때에는 위 처분기간은 진행이 정지되고, 재위탁 또는 재수용된 때로부터 다시 진행한다.

[전문개정 2007. 12. 21.]

제34조(몰수의 대상) ① 소년부 판사는 제4조제1항제1호·제2호에 해당하는 소년에 대하여 제32조의 처분을 하는 경우에는 결정으로써 다음의 물건을 몰수할 수 있다.

1. 범죄 또는 형벌 법령에 저촉되는 행위에 제공하거나 제공하려 한 물건

2. 범죄 또는 형벌 법령에 저촉되는 행위로 인하여 생기거나 이로 인하여 취득한 물건

3. 제1호와 제2호의 대가로 취득한 물건

② 제1항의 몰수는 그 물건이 사건 본인 이외의 자의 소유에 속하지 아니하는 경우에만 할 수 있다. 다만, 사건 본인의 행위가 있은 후 그 정을 알고도 취득한 자가 소유한 경우에는 그러하지 아니하다.

[전문개정 2007. 12. 21.]

제35조(결정의 집행) 소년부 판사는 제32조제1항 또는 제32조의2에 따른 처분 결정을 하였을 때에는 조사관, 소년부 법원서기관·법원사무관·법원주사·법원주사보, 보호관찰관, 소년원 또는 소년분류심사원 소속 공무원, 그 밖에 위탁 또는 송치받을 기관 소속의 직원에게 그 결정을 집행하게 할 수 있다.

[전문개정 2007. 12. 21.]

제36조(보고와 의견 제출) ① 소년부 판사는 제32조제1항제1호 · 제6호 · 제7호의 처분을 한 경우에는 위탁받은 자에게 소년에 관한 보고서나 의견서를 제출하도록 요구할 수 있다.

② 소년부 판사는 조사관에게 제32조제1항제1호 · 제6호 · 제7호의 처분에 관한 집행상황을 보고하게 할 수 있고, 필요하다고 인정되면 위탁받은 자에게 그 집행과 관련된 사항을 지시할 수 있다.

[전문개정 2007. 12. 21.]

제37조(처분의 변경) ① 소년부 판사는 위탁받은 자나 보호처분을 집행하는 자의 신청에 따라 결정으로써 제32조의 보호처분과 제32조의2의 부가처분을 변경할 수 있다. 다만, 제32조제1항제1호 · 제6호 · 제7호의 보호처분과 제32조의2제1항의 부가처분은 직권으로 변경할 수 있다.

② 제1항에 따른 결정을 집행할 때에는 제35조를 준용한다.

③ 제1항의 결정은 지체 없이 사건 본인과 보호자에게 알리고 그 취지를 위탁받은 자나 보호처분을 집행하는 자에게 알려야 한다.

[전문개정 2007. 12. 21.]

제38조(보호처분의 취소) ① 보호처분이 계속 중일 때에 사건 본인이 처분 당시 19세 이상인 것으로 밝혀진 경우에는 소년부 판사는 결정으로써 그 보호처분을 취소하고 다음의 구분에 따라 처리하여야 한다.

1. 검사 · 경찰서장의 송치 또는 제4조제3항의 통고에 의한 사건인 경우에는 관할 지방법원에 대응하는 검찰청 검사에게 송치한다.

2. 제50조에 따라 법원이 송치한 사건인 경우에는 송치한 법원에 이송한다.

② 제4조제1항제1호ㆍ제2호의 소년에 대한 보호처분이 계속 중일 때에 사건 본인이 행위 당시 10세 미만으로 밝혀진 경우 또는 제4조제1항제3호의 소년에 대한 보호처분이 계속 중일 때에 사건 본인이 처분 당시 10세 미만으로 밝혀진 경우에는 소년부 판사는 결정으로써 그 보호처분을 취소하여야 한다.

[전문개정 2007. 12. 21.]

제39조(보호처분과 유죄판결) 보호처분이 계속 중일 때에 사건 본인에 대하여 유죄판결이 확정된 경우에 보호처분을 한 소년부 판사는 그 처분을 존속할 필요가 없다고 인정하면 결정으로써 보호처분을 취소할 수 있다.

[전문개정 2007. 12. 21.]

제40조(보호처분의 경합) 보호처분이 계속 중일 때에 사건 본인에 대하여 새로운 보호처분이 있었을 때에는 그 처분을 한 소년부 판사는 이전의 보호처분을 한 소년부에 조회하여 어느 하나의 보호처분을 취소하여야 한다.

[전문개정 2007. 12. 21.]

제41조(비용의 보조) 제18조제1항제1호ㆍ제2호의 조치에 관한 결정이나 제32조제1항제1호ㆍ제6호ㆍ제7호(「보호소년 등의 처우에 관한 법률」에 따른 의료재활소년원 위탁처분은 제외한다)의 처분을 받은 소년의 보호자는 위탁받은 자에게 그 감호에 관한 비용의 전부 또는 일부를 지급하여야 한다. 다만, 보호자가 지급할 능력이 없을 때

에는 소년부가 지급할 수 있다. 〈개정 2020. 10. 20.〉

[전문개정 2007. 12. 21.]

第42조(증인 등의 비용) ① 증인·감정인·통역인·번역인에게 지급하는 비용, 숙박료, 그 밖의 비용에 대하여는 「형사소송법」 중 비용에 관한 규정을 준용한다.

② 참고인에게 지급하는 비용에 관하여는 제1항을 준용한다.

[전문개정 2007. 12. 21.]

제4절 항고 〈개정 2007. 12. 21.〉

제43조(항고) ① 제32조에 따른 보호처분의 결정 및 제32조의2에 따른 부가처분 등의 결정 또는 제37조의 보호처분·부가처분 변경 결정이 다음 각 호의 어느 하나에 해당하면 사건 본인·보호자·보조인 또는 그 법정대리인은 관할 가정법원 또는 지방법원 본원 합의부에 항고할 수 있다.

1. 해당 결정에 영향을 미칠 법령 위반이 있거나 중대한 사실 오인(誤認)이 있는 경우
2. 처분이 현저히 부당한 경우

② 항고를 제기할 수 있는 기간은 7일로 한다.

[전문개정 2007. 12. 21.]

제44조(항고장의 제출) ① 항고를 할 때에는 항고장을 원심(原審) 소년부에 제출하여야 한다.

② 항고장을 받은 소년부는 3일 이내에 의견서를 첨부하여 항고법원에 송부하여야 한다.

[전문개정 2007. 12. 21.]

제45조(항고의 재판) ① 항고법원은 항고 절차가 법률에 위반되거나 항고가 이유 없다고 인정한 경우에는 결정으로써 항고를 기각하여야 한다.

② 항고법원은 항고가 이유가 있다고 인정한 경우에는 원결정(原決定)을 취소하고 사건을 원소년부에 환송(還送)하거나 다른 소년부에 이송하여야 한다. 다만, 환송 또는 이송할 여유가 없이 급하거나 그 밖에 필요하다고 인정한 경우에는 원결정을 파기하고 불처분 또는 보호처분의 결정을 할 수 있다.

③ 제2항에 따라 항고가 이유가 있다고 인정되어 보호처분의 결정을 다시 하는 경우에는 원결정에 따른 보호처분의 집행 기간은 그 전부를 항고에 따른 보호처분의 집행 기간에 산입(제32조제1항제8호 · 제9호 · 제10호 처분 상호 간에만 해당한다)한다. 〈신설 2015. 12. 1.〉

[전문개정 2007. 12. 21.]

제46조(집행 정지) 항고는 결정의 집행을 정지시키는 효력이 없다.

[전문개정 2007. 12. 21.]

제47조(재항고) ① 항고를 기각하는 결정에 대하여는 그 결정이 법령에 위반되는 경우에만 대법원에 재항고를 할 수 있다.

② 제1항의 재항고에 관하여는 제43조제2항 및 제45조제3항을 준용한다. 〈개정 2015. 12. 1.〉

[전문개정 2007. 12. 21.]

제3장 형사사건 〈개정 2007. 12. 21.〉

제1절 통칙 〈개정 2007. 12. 21.〉

제48조(준거법례) 소년에 대한 형사사건에 관하여는 이 법에 특별한 규정이 없으면 일반 형사사건의 예에 따른다.

[전문개정 2007. 12. 21.]

제49조(검사의 송치) ① 검사는 소년에 대한 피의사건을 수사한 결과 보호처분에 해당하는 사유가 있다고 인정한 경우에는 사건을 관할 소년부에 송치하여야 한다.

② 소년부는 제1항에 따라 송치된 사건을 조사 또는 심리한 결과 그 동기와 죄질이 금고 이상의 형사처분을 할 필요가 있다고 인정할 때에는 결정으로써 해당 검찰청 검사에게 송치할 수 있다.

③ 제2항에 따라 송치한 사건은 다시 소년부에 송치할 수 없다.

[전문개정 2007. 12. 21.]

제49조의2(검사의 결정 전 조사) ① 검사는 소년 피의사건에 대하여 소년부 송치, 공소제기, 기소유예 등의 처분을 결정하기 위하여 필요하다고 인정하면 피의자의 주거지 또는 검찰청 소재지를 관할하는 보호관찰소의 장, 소년분류심사원장 또는 소년원장(이하 "보호관찰소장등"이라 한다)에게 피의자의 품행, 경력, 생활환경이나 그 밖에 필요한 사항에 관한 조사를 요구할 수 있다.

② 제1항의 요구를 받은 보호관찰소장등은 지체 없이 이를 조사하여 서면으로 해당 검사에게 통보하여야 하며, 조사를 위하여 필요한 경우에는 소속 보호관찰관·분류심사관 등에게 피의자 또는 관계인을 출석하게 하여 진술요구를 하는 등의 방법으로 필요한 사항을

조사하게 할 수 있다.

③ 제2항에 따른 조사를 할 때에는 미리 피의자 또는 관계인에게 조사의 취지를 설명하여야 하고, 피의자 또는 관계인의 인권을 존중하며, 직무상 비밀을 엄수하여야 한다.

④ 검사는 보호관찰소장등으로부터 통보받은 조사 결과를 참고하여 소년피의자를 교화·개선하는 데에 가장 적합한 처분을 결정하여야 한다.

[본조신설 2007. 12. 21.]

제49조의3(조건부 기소유예) 검사는 피의자에 대하여 다음 각 호에 해당하는 선도(善導) 등을 받게 하고, 피의사건에 대한 공소를 제기하지 아니할 수 있다. 이 경우 소년과 소년의 친권자·후견인 등 법정대리인의 동의를 받아야 한다.

1. 범죄예방자원봉사위원의 선도

2. 소년의 선도·교육과 관련된 단체·시설에서의 상담·교육·활동 등

[본조신설 2007. 12. 21.]

제50조(법원의 송치) 법원은 소년에 대한 피고사건을 심리한 결과 보호처분에 해당할 사유가 있다고 인정하면 결정으로써 사건을 관할 소년부에 송치하여야 한다.

[전문개정 2007. 12. 21.]

제51조(이송) 소년부는 제50조에 따라 송치받은 사건을 조사 또는 심리한 결과 사건의 본인이 19세 이상인 것으로 밝혀지면 결정으로써 송치한 법원에 사건을 다시 이송하여야 한다.

[전문개정 2007. 12. 21.]

제52조(소년부 송치 시의 신병 처리) ① 제49조제1항이나 제50조에 따른 소년부 송치결정이 있는 경우에는 소년을 구금하고 있는 시설의 장은 검사의 이송 지휘를 받은 때로부터 법원 소년부가 있는 시·군에서는 24시간 이내에, 그 밖의 시·군에서는 48시간 이내에 소년을 소년부에 인도하여야 한다. 이 경우 구속영장의 효력은 소년부 판사가 제18조제1항에 따른 소년의 감호에 관한 결정을 한 때에 상실한다.

② 제1항에 따른 인도와 결정은 구속영장의 효력기간 내에 이루어져야 한다.

[전문개정 2007. 12. 21.]

제53조(보호처분의 효력) 제32조의 보호처분을 받은 소년에 대하여는 그 심리가 결정된 사건은 다시 공소를 제기하거나 소년부에 송치할 수 없다. 다만, 제38조제1항제1호의 경우에는 공소를 제기할 수 있다.

[전문개정 2007. 12. 21.]

제54조(공소시효의 정지) 제20조에 따른 심리 개시 결정이 있었던 때로부터 그 사건에 대한 보호처분의 결정이 확정될 때까지 공소시효는 그 진행이 정지된다.

[전문개정 2007. 12. 21.]

제55조(구속영장의 제한) ① 소년에 대한 구속영장은 부득이한 경우가 아니면 발부하지 못한다.

② 소년을 구속하는 경우에는 특별한 사정이 없으면 다른 피의자

나 피고인과 분리하여 수용하여야 한다.

[전문개정 2007. 12. 21.]

제2절 심판 〈개정 2007. 12. 21.〉

제56조(조사의 위촉) 법원은 소년에 대한 형사사건에 관하여 필요한 사항을 조사하도록 조사관에게 위촉할 수 있다.

[전문개정 2007. 12. 21.]

제57조(심리의 분리) 소년에 대한 형사사건의 심리는 다른 피의사건과 관련된 경우에도 심리에 지장이 없으면 그 절차를 분리하여야 한다.

[전문개정 2007. 12. 21.]

제58조(심리의 방침) ① 소년에 대한 형사사건의 심리는 친절하고 온화하게 하여야 한다.

② 제1항의 심리에는 소년의 심신상태, 품행, 경력, 가정상황, 그 밖의 환경 등에 대하여 정확한 사실을 밝힐 수 있도록 특별히 유의하여야 한다.

[전문개정 2007. 12. 21.]

제59조(사형 및 무기형의 완화) 죄를 범할 당시 18세 미만인 소년에 대하여 사형 또는 무기형(無期刑)으로 처할 경우에는 15년의 유기징역으로 한다.

[전문개정 2007. 12. 21.]

제60조(부정기형) ① 소년이 법정형으로 장기 2년 이상의 유기형(有期刑)에 해당하는 죄를 범한 경우에는 그 형의 범위에서 장기와 단

기를 정하여 선고한다. 다만, 장기는 10년, 단기는 5년을 초과하지 못한다.

② 소년의 특성에 비추어 상당하다고 인정되는 때에는 그 형을 감경할 수 있다.

③ 형의 집행유예나 선고유예를 선고할 때에는 제1항을 적용하지 아니한다.

④ 소년에 대한 부정기형을 집행하는 기관의 장은 형의 단기가 지난 소년범의 행형(行刑) 성적이 양호하고 교정의 목적을 달성하였다고 인정되는 경우에는 관할 검찰청 검사의 지휘에 따라 그 형의 집행을 종료시킬 수 있다. 〈개정 2018. 9. 18.〉

[전문개정 2007. 12. 21.]

제61조(미결구금일수의 산입) 제18조제1항제3호의 조치가 있었을 때에는 그 위탁기간은 「형법」 제57조제1항의 판결선고 전 구금일수(拘禁日數)로 본다.

[전문개정 2007. 12. 21.]

제62조(환형처분의 금지) 18세 미만인 소년에게는 「형법」 제70조에 따른 유치선고를 하지 못한다. 다만, 판결선고 전 구속되었거나 제18조제1항제3호의 조치가 있었을 때에는 그 구속 또는 위탁의 기간에 해당하는 기간은 노역장(勞役場)에 유치된 것으로 보아 「형법」 제57조를 적용할 수 있다.

[전문개정 2007. 12. 21.]

제63조(징역·금고의 집행) 징역 또는 금고를 선고받은 소년에 대하여는 특별히 설치된 교도소 또는 일반 교도소 안에 특별히 분리된

장소에서 그 형을 집행한다. 다만, 소년이 형의 집행 중에 23세가 되면 일반 교도소에서 집행할 수 있다.

[전문개정 2007. 12. 21.]

第64조(보호처분과 형의 집행) 보호처분이 계속 중일 때에 징역, 금고 또는 구류를 선고받은 소년에 대하여는 먼저 그 형을 집행한다.

[전문개정 2007. 12. 21.]

第65조(가석방) 징역 또는 금고를 선고받은 소년에 대하여는 다음 각 호의 기간이 지나면 가석방(假釋放)을 허가할 수 있다.

1. 무기형의 경우에는 5년
2. 15년 유기형의 경우에는 3년
3. 부정기형의 경우에는 단기의 3분의 1

[전문개정 2007. 12. 21.]

第66조(가석방 기간의 종료) 징역 또는 금고를 선고받은 소년이 가석방된 후 그 처분이 취소되지 아니하고 가석방 전에 집행을 받은 기간과 같은 기간이 지난 경우에는 형의 집행을 종료한 것으로 한다. 다만, 제59조의 형기(刑期) 또는 제60조제1항에 따른 장기의 기간이 먼저 지난 경우에는 그 때에 형의 집행을 종료한 것으로 한다.

[전문개정 2007. 12. 21.]

第67조(자격에 관한 법령의 적용) ① 소년이었을 때 범한 죄에 의하여 형의 선고 등을 받은 자에 대하여 다음 각 호의 경우 자격에 관한 법령을 적용할 때 장래에 향하여 형의 선고를 받지 아니한 것으로 본다. 〈개정 2018. 9. 18.〉

1. 형을 선고받은 자가 그 집행을 종료하거나 면제받은 경우

2. 형의 선고유예나 집행유예를 선고받은 경우

② 제1항에도 불구하고 형의 선고유예가 실효되거나 집행유예가 실효·취소된 때에는 그 때에 형을 선고받은 것으로 본다. 〈신설 2018. 9. 18.〉

[전문개정 2007. 12. 21.]

[2018. 9. 18. 법률 제15757호에 의하여 2018. 1. 25. 헌법재판소에서 위헌 결정된 이 조를 개정함.]

제3장의2 비행 예방 〈신설 2007. 12. 21.〉

제67조의2(비행 예방정책) 법무부장관은 제4조제1항에 해당하는 자(이하 "비행소년"이라 한다)가 건전하게 성장하도록 돕기 위하여 다음 각 호의 사항에 대한 필요한 조치를 취하여야 한다.

1. 비행소년이 건전하게 성장하도록 돕기 위한 조사·연구·교육·홍보 및 관련 정책의 수립·시행

2. 비행소년의 선도·교육과 관련된 중앙행정기관·공공기관 및 사회단체와의 협조체계의 구축 및 운영

[본조신설 2007. 12. 21.]

제4장 벌칙 〈개정 2007. 12. 21.〉

제68조(보도 금지) ① 이 법에 따라 조사 또는 심리 중에 있는 보호사건이나 형사사건에 대하여는 성명·연령·직업·용모 등으로 비추어 볼 때 그 자가 당해 사건의 당사자라고 미루어 짐작할 수 있는 정도의 사실이나 사진을 신문이나 그 밖의 출판물에 싣거나 방송할

수 없다.

② 제1항을 위반한 다음 각 호의 자는 1년 이하의 징역 또는 1천만원 이하의 벌금에 처한다. 〈개정 2014. 1. 7.〉

1. 신문 : 편집인 및 발행인

2. 그 밖의 출판물 : 저작자 및 발행자

3. 방송 : 방송편집인 및 방송인

[전문개정 2007. 12. 21.]

제69조(나이의 거짓 진술) 성인(成人)이 고의로 나이를 거짓으로 진술하여 보호처분이나 소년 형사처분을 받은 경우에는 1년 이하의 징역에 처한다.

[전문개정 2007. 12. 21.]

제70조(조회 응답) ① 소년 보호사건과 관계있는 기관은 그 사건 내용에 관하여 재판, 수사 또는 군사상 필요한 경우 외의 어떠한 조회에도 응하여서는 아니 된다.

② 제1항을 위반한 자는 1년 이하의 징역 또는 1천만원 이하의 벌금에 처한다.

[전문개정 2007. 12. 21.]

제71조(소환의 불응 및 보호자 특별교육명령 불응) 다음 각 호의 어느 하나에 해당하는 자에게는 300만원 이하의 과태료를 부과한다. 〈개정 2014. 12. 30.〉

1. 제13조제1항에 따른 소환에 정당한 이유 없이 응하지 아니한 자

2. 제32조의2제3항의 특별교육명령에 정당한 이유 없이 응하지

아니한 자

[전문개정 2007. 12. 21.]

부칙 〈제4057호, 1988. 12. 31.〉

①(시행일) 이 법은 1989년 7월 1일부터 시행한다.

②(경과조치) 이 법은 이 법 시행당시 조사 또는 심판중에 있는 보호사건 또는 형사사건에 대하여도 적용한다. 다만, 이 법 시행전에 종전의 규정에 의하여 행한 보호절차 또는 형사절차의 효력에는 영향을 미치지 아니한다.

부칙 〈제4929호, 1995. 1. 5.〉 (소년원법)

제1조 (시행일) 이 법은 공포한 날부터 시행한다.

제2조 (다른 법률의 개정) ①소년법중 다음과 같이 개정한다.

제12조 중 "소년감별소의 감별결과"를 "소년분류심사원의 분류심사결과"로 한다.

제18조 제1항제3호 및 제5항중 "소년감별소"를 각각 "소년분류심사원"으로 한다.

제35조 중 "소년감별소"를 "소년분류심사원"으로 한다.

②생략

부칙 〈제8439호, 2007. 5. 17.〉

이 법은 2008년 1월 1일부터 시행한다.

부칙 〈제8722호, 2007. 12. 21.〉

제1조 (시행일) 이 법은 공포 후 6개월이 경과한 날부터 시행한다.

제2조 (일반적 경과조치) 이 법은 이 법 시행 당시 조사 또는 심리 중에 있는 보호사건 또는 형사사건에 대하여도 적용한다. 다만, 이 법 시행 전에 종전의 규정에 따라 행한 보호절차 또는 형사절차의 효력에는 영향을 미치지 아니한다.

제3조 (소년의 나이 조정에 따른 경과조치) 이 법 시행 전에 제4조제1항 각 호의 요건의 어느 하나에 해당하는 자에 대하여는 제7조제2항, 제38조제1항 및 제51조의 개정규정에도 불구하고 종전의 규정에 따른다.

제4조 (벌칙에 관한 경과조치) 이 법 시행 전의 행위에 대하여 벌칙을 적용할 때에는 종전의 규정에 따른다.

제5조 (다른 법률의 개정) 보호관찰등에관한법률 일부를 다음과 같이 개정한다.

제3조제2항제2호 중 "제32조제3항의 규정에 의하여"를 "제32조에 따라"로 하고, 제26조제1항 중 "제32조제1항제6호 · 제7호의"를 "제32조제1항제8호부터 제10호까지의 어느 하나에 해당하는"으로 하며, 제49조제2항 중 "20세"를 "19세"로 한다.

제6조 (다른 법령과의 관계) 이 법 시행 당시 다른 법령에서 종전의 「소년법」의 규정을 인용한 경우에 이 법 가운데 그에 해당하는 규정이 있으면 종전의 규정을 갈음하여 이 법의 해당 조항을 인용한 것으로 본다.

부칙 〈제11005호, 2011. 8. 4.〉 (의료법)

제1조(시행일) 이 법은 공포 후 1년이 경과한 날부터 시행한다. 다만, ···〈생략〉··· 부칙 제4조는 공포한 날부터 시행하고, ···〈생략〉··· 시행한다.

제2조 및 제3조 생략

제4조(다른 법률의 개정) ①부터 ⑤까지 생략

⑥ 소년법 일부를 다음과 같이 개정한다.

제12조 중 "정신과의사"를 "정신건강의학과의사"로 한다.

⑦부터 ⑭까지 생략

부칙 〈제12192호, 2014. 1. 7.〉

이 법은 공포한 날부터 시행한다.

부칙 〈제12890호, 2014. 12. 30.〉

이 법은 공포 후 6개월이 경과한 날부터 시행한다.

부칙 〈제13524호, 2015. 12. 1.〉

제1조(시행일) 이 법은 공포한 날부터 시행한다.

제2조(적용례) 제45조제3항 및 제47조제2항의 개정규정은 이 법 시행 후 최초로 제43조제1항 또는 제47조제1항에 따라 항고 또는 재항고하는 경우부터 적용한다.

부칙 〈제15757호, 2018. 9. 18.〉

제1조(시행일) 이 법은 공포한 날부터 시행한다.

제2조(자격에 관한 법령의 적용에 관한 적용례) 제67조의 개정규정은 이 법 시행 전 소년이었을 때 범한 죄에 의하여 형의 집행유예나 선고유예를 받은 사람에게도 적용한다.

부칙 〈제17505호, 2020. 10. 20.〉 (보호소년 등의 처우에 관한 법률)

제1조(시행일) 이 법은 공포 후 6개월이 경과한 날부터 시행한다. 〈단서 생략〉

제2조 부터 제4조까지 생략

제5조(다른 법률의 개정) ① 생략

② 소년법 일부를 다음과 같이 개정한다.

제32조제1항제7호 중 “소년의료보호시설”을 “의료재활소년원”으로 한다.

제41조 본문 중 “소년의료보호시설”을 “의료재활소년원”으로 한다.

대한민국 법령 시리즈 183

소 년 법

법 령

2025년 5월 12일 인쇄 정가 8,000원
2025년 5월 22일 발행

편 저 편집부
디 자 인 송영미
발 행 인 조준형
발 행 처 해광출판사

http://www.hgbookpub.com
E-mail : munbookcokr@naver.com
주 소 부산광역시 중구 해관로 41-1 (중앙동2가)
전화번호 (051) 253-0001 팩스 (051) 245-1187

등 록 제 2012-000005호

해광출판사에서는 여러분의 소중한 원고와 함께 할 기회를 기다리고 있습니다. 책으로 엮을 원고나 아이디어가 있으신 분들은 이메일 munbookcokr@naver.com 로 책에 대한 간단한 개요와 원고 전체 또는 일부를 연락처와 함께 보내주십시오.

ISBN 979-11-6881-827-9

※ 법령 출처 : 법제처 국가법령정보센터
※ 본 도서는 〈공공데이터 제공 및 이용 활성화에 관한 법률〉을 근거로 출판되었습니다.

해광출판사 대한민국 법령 시리즈

001. 선원법
002. 어선법
003. 선박직원법
004. 해사안전기본법
005. 해양환경관리법
006. 선박의 입항 및 출항등에 관한 법률
007. 학교안전사고예방 및 보상에 관한 법률
008. 종합부동산세법
009. 방위사업법
010. 행정규제기본법
011. 식품산업진흥법
012. 위험물안전관리법
013. 화재의 예방 및 안전관리에 관한 법률
014. 도시가스사업법
015. 실내공기질관리법
016. 지방세법
017. 소득세법
018. 법인세법
019. 도선법
020. 선박안전법
021. 선박법
022. 수산업법
023. 고압가스안전관리법
024. 국민연금법
025. 공동주택관리법
026. 화학물질관리법
027. 어선원 및 어선 재해보상보험법
028. 장기등 이식에 관한 법률
029. 자연재해대책법
030. 공유재산 및 물품 관리법
031. 산업입지 및 개발에 관한 법률
032. 부정경쟁방지 및 영업비밀보호에 관한 법률
033. 금융지주회사법
034. 온실가스 배출권의 할당 및 거래에 관한 법률
035. 건축사법
036. 산림문화휴양에 관한 법률
037. 전기사업법
038. 사립학교법
039. 고등교육법
040. 액화석유가스의 안전관리 및 사업법
041. 선박투자회사법
042. 수산자원관리법
043. 위험물선박운송및저장규칙
044. 선박평형수관리법
045. 주택임대차보호법
046. 상가건물임대차보호법
047. 지방공기업법
048. 승강기안전관리법
049. 수목원·정원의 조성 및 진흥에 관한 법률
050. 민법
051. 치료감호 등에 관한 법률
052. 대부업 등의 등록 및 금융이용자 보호에 관한 법률
053. 사료관리법
054. 무형문화재 보전 및 진흥에 관한 법률
055. 총포·도검·화약류 등의 안전관리에 관한 법률
056. 경찰관직무집행법
057. 시설물의 안전 및 유지관리에 관한 특별법
058. 수산생물질병 관리법
059. 소비자기본법
060. 국제선박등록법
061. 정보통신망 이용촉진 및 정보보호 등에 관한 법률
062. 해운법
063. 농수산물 품질관리법
064. 수산업협동조합법
065. 해외건설촉진법
066. 수상레저안전법
067. 공무원재해보상법
068. 수상에서의 수색·구조 등에 관한 법률
069. 어촌어항법
070. 항만법
071. 항만운송사업법
072. 해양경비법
073. 해양사고의 조사 및 심판에 관한 법률
074. 외국인근로자의 고용 등에 관한 법률
075. 중소기업기본법
076. 자유무역지역의 지정 및 운영에 관한 법률
077. 대기환경보전법
078. 소음진동관리법
079. 폐기물관리법
080. 하수도법
081. 물환경보전법
082. 토양환경보전법
083. 환경정책기본법
084. 산업재해보상보험법
085. 관세법
086. 노동조합 및 노동관계조정법
087. 근로기준법
088. 군인연금법
089. 먹는물관리법
090. 기술보증기금법
091. 관광진흥법
092. 감염병의 예방 및 관리에 관한 법률
093. 사법경찰관리의 직무를 수행할 자와 그 직무범위에 관한 법률
094. 수의사법
095. 가정폭력방지 및 피해자보호 등에 관한 법률
096. 환경영향평가법
097. 체육시설의 설치 · 이용에 관한 법률
098. 장사 등에 관한 법률
099. 상호저축은행법
100. 은행법
101. 보호관찰 등에 관한 법률
102. 형법
103. 자동차관리법
104. 형사소송법
105. 전자금융거래법
106. 마약류 불법거래 방지에 관한 특례법
107. 도로법
108. 주세법
109. 변리사법
110. 하천법
111. 중소기업진흥에 관한 법률
112. 발달장애인 권리보장 및 지원에 관한 법률
113. 주택법
114. 장애인복지법
115. 농어업경영체 육성 및 지원에 관한 법률
116. 공인중개사법
117. 건강기능식품에 관한 법률
118. 예비군법
119. 개발제한구역의 지정 및 관리에 관한 특별조치법
120. 국유재산법
121. 주차장법
122. 환경기술 및 환경산업 지원법
123. 대기관리권역의 대기환경개선에 관한 특별법
124. 악취방지법
125. 미세먼지 저감 및 관리에 관한 특별법
126. 가축분뇨의 관리 및 이용에 관한 법률
127. 물의 재이용 촉진 및 지원에 관한 법률
128. 물관리기본법
129. 물관리기술 발전 및 물산업 진흥에 관한 법률
130. 자원의 절약과 재활용촉진에 관한 법률
131. 전기 · 전자제품 및 자동차의 자원순환에 관한 법률
132. 건설폐기물의 재활용촉진에 관한 법률
133. 수도권매립지관리공사의 설립 및 운영 등에 관한 법률
134. 폐기물의 국가 간 이동 및 그 처리에 관한 법률
135. 폐기물처리시설 설치촉진 및 주변지역지원 등에 관한 법률
136. 자원순환기본법
137. 잔류성오염물질 관리법
138. 환경분쟁 조정법

해광출판사 대한민국 법령 시리즈

139. 화학물질의 등록 및 평가 등에 관한 법률
140. 환경오염시설의 통합관리에 관한 법률
141. 환경오염피해 배상책임 및 구제에 관한 법률
142. 중소기업제품 구매촉진 및 판로지원에 관한 법률
143. 환경개선비용 부담법
144. 환경분야 시험·검사 등에 관한 법률
145. 환경친화적 산업구조로의 전환촉진에 관한 법률
146. 환경친화적 자동차의 개발 및 보급 촉진에 관한 법률
147. 환경범죄 등의 단속 및 가중처벌에 관한 법률
148. 생명윤리 및 안전에 관한 법률
149. 장애인차별금지 및 권리구제 등에 관한 법률
150. 부동산투자회사법
151. 정치자금법
152. 과학기술기본법
153. 대리점거래의 공정화에 관한 법률
154. 상속세 및 증여세법
155. 학원의 설립 · 운영 및 과외교습에 관한 법률
156. 해양심층수의 개발 및 관리에 관한 법률
157. 전기용품 및 생활용품 안전관리법
158. 사회기반시설에 대한 민간투자법
159. 공직선거법
160. 정당법
161. 유류오염손해배상 보장법
162. 부정청탁 및 금품등 수수의 금지에 관한 법률
163. 항로표지법
164. 어장관리법
165. 민방위기본법
166. 공직자윤리법
167. 선거관리위원회법
168. 유선 및 도선 사업법
169. 전기공사업법
170. 사회복지사업법
171. 택지개발촉진법
172. 국가공무원법
173. 민간임대주택에 관한 특별법
174. 어음법·수표법
175. 민사집행법
176. 상법
177. 문화예술진흥법
178. 중소기업협동조합법
179. 농업협동조합법
180. 도로교통법
181. 의료사고 피해구제 및 의료분쟁 조정 등에 관한 법률
182. 산림보호법
183. 소년법
184. 동물보호법
185. 건축물관리법
186. 도시개발법
187. 화물자동차 운수사업법
188. 도시 및 주거환경정비법
189. 의료법
190. 국회법
191. 응급의료에 관한 법률
192. 출입국관리법
193. 노인복지법
194. 산림자원의 조성 및 관리에 관한 법률
195. 청소년 보호법
196. 초 · 중등교육법
197. 혁신도시 조성 및 발전에 관한 특별법
198. 경제자유구역의 지정 및 운영에 관한 특별법
199. 공공기관의 운영에 관한 법률
200. 대한민국헌법
201. 국민기초생활 보장법
202. 저작권법
203. 가사소송법
204. 국가유공자 등 예우 및 지원에 관한 법률
205. 국민체육진흥법
206. 전통주 등의 산업진흥에 관한 법률
207. 재난 및 안전관리 기본법
208. 정보통신공사업법
209. 주식회사 등의 외부감사에 관한 법률
210. 공익사업을 위한 토지 등의 취득 및 보상에 관한 법률
211. 개인정보 보호법
212. 국세기본법
213. 에너지이용 합리화법
214. 감정평가 및 감정평가사에 관한 법률
215. 국가인권위원회법
216. 가맹사업거래의 공정화에 관한 법률
217. 보건의료기본법
218. 산업안전보건법
219. 법무사법
220. 교육공무원법
221. 특허법
222. 민사소송법
223. 아동복지법
224. 전파법
225. 하도급거래 공정화에 관한 법률
226. 기초연금법
227. 사립학교교직원 연금법
228. 직업안정법
229. 장애아동 복지지원법
230. 부동산등기법
231. 자동차손해배상 보장법
232. 철도안전법
233. 항공안전법
234. 전자상거래 등에서의 소비자보호에 관한 법률
235. 독점규제 및 공정거래에 관한 법률
236. 상표법
237. 채무자 회생 및 파산에 관한 법률
238. 공무원연금법
239. 축산법
240. 근로복지기본법
241. 민원 처리에 관한 법률
242. 약사법
243. 방문판매 등에 관한 법률
244. 건축기본법
245. 지방세기본법
246. 지방세징수법
247. 지방자치법
248. 도시교통정비 촉진법
249. 공공주택 특별법
250. 국세징수법
251. 공인노무사법
252. 중대재해 처벌 등에 관한 법률
253. 외무공무원법
254. 소방시설공사업법
255. 검역법
256. 공중위생관리법
257. 할부거래에 관한 법률
258. 인터넷 멀티미디어 방송사업법
259. 전기통신사업법
260. 제품안전기본법
261. 철도사업법
262. 어린이제품 안전 특별법
263. 영유아보육법
264. 원자력안전법
265. 보험업법
266. 경비업법
267. 교통안전법
268. 세무사법
269. 관세사법
270. 공인회계사법
271. 지방공무원법
272. 고용정책 기본법
273. 국가경찰과 자치경찰의 조직 및 운영에 관한 법률
274. 협동조합 기본법
275. 재해구호법
276. 환경보건법

해광출판사 대한민국 법령 시리즈

277. 자살예방 및 생명존중문화 조성을 위한 법률
278. 소방산업의 진흥에 관한 법률
279. 소방기본법
280. 비송사건절차법
281. 자연환경보전법
282. 변호사법
283. 기업구조조정투자회사법
284. 전기통신기본법
285. 에너지법
286. 해양생태계의 보전 및 관리에 관한 법률
287. 사회보장기본법
288. 통신비밀보호법
289. 공증인법
290. 물류시설의 개발 및 운영에 관한 법률
291. 청소년활동 진흥법
292. 형의 집행 및 수용자의 처우에 관한 법률
293. 도시공원 및 녹지 등에 관한 법률
294. 태권도 진흥 및 태권도공원 조성 등에 관한 법률
295. 녹색건축물 조성 지원법
296. 우편법
297. 예금자보호법
298. 건설산업기본법
299. 금융회사의 지배구조에 관한 법률
300. 장애인활동 지원에 관한 법률
301. 언론중재 및 피해구제 등에 관한 법률
302. 국가재정법
303. 농지법
304. 게임산업진흥에 관한 법률
305. 정신건강증진 및 정신질환자 복지서비스 지원에 관한 법률
306. 디자인보호법
307. 의료기사 등에 관한 법률
308. 스마트도시 조성 및 산업진흥 등에 관한 법률
309. 내수면어업법
310. 한국주택금융공사법
311. 의료기기법
312. 유통산업발전법
313. 전통시장 및 상점가 육성을 위한 특별법
314. 여신전문금융업법
315. 해외자원개발 사업법
316. 산업교육진흥 및 산학연협력촉진에 관한 법률
317. 빈집 및 소규모주택 정비에 관한 특례법
318. 기업도시개발 특별법
319. 전력기술관리법
320. 국토기본법
321. 지하수법
322. 식품위생법
323. 광업법
324. 호스피스·완화의료 및 임종과정에 있는 환자의 연명의료결정에 관한 법률
325. 주식·사채 등의 전자등록에 관한 법률
326. 표시·광고의 공정화에 관한 법률
327. 골재채취법
328. 국민건강증진법
329. 새마을금고법
330. 여객자동차 운수사업법
331. 마리나항만의 조성 및 관리 등에 관한 법률
332. 한부모가족지원법
333. 국가를 당사자로 하는 계약에 관한 법률
334. 지방자치단체를 당사자로 하는 계약에 관한 법률
335. 축산물 위생관리법
336. 병역법
337. 음악산업진흥에 관한 법률
338. 국가균형발전 특별법
339. 첨단재생의료 및 첨단바이오의약품 안전 및 지원에 관한 법률
340. 공간정보의 구축 및 관리 등에 관한 법률
341. 공유수면 관리 및 매립에 관한 법률
342. 농수산물 유통 및 가격안정에 관한 법률
343. 아시아문화중심도시 조성에 관한 특별법
344. 신탁법
345. 자연공원법
346. 생활화학제품 및 살생물제의 안전관리에 관한 법률
347. 군인사법
348. 국제조세조정에 관한 법률
349. 낙동강수계 물관리 및 주민지원 등에 관한 법률
350. 주민등록법
351. 집합건물의 소유 및 관리에 관한 법률
352. 집단에너지사업법
353. 산림조합법
354. 반도체집적회로의 배치설계에 관한 법률
355. 자본시장과 금융투자업에 관한 법률
356. 담보부사채신탁법
357. 근로자퇴직급여 보장법
358. 국제과학비즈니스벨트 조성 및 지원에 관한 특별법
359. 수도법
360. 식품 등의 표시·광고에 관한 법률
361. 약관의 규제에 관한 법률
362. 인삼산업법
363. 종자산업법
364. 항공사업법
365. 건설기계관리법
366. 군형법
367. 궤도운송법
368. 기술의 이전 및 사업화 촉진에 관한 법률
369. 농수산물의 원산지 표시 등에 관한 법률
370. 담배사업법
371. 석유 및 석유대체연료 사업법
372. 가축전염병 예방법
373. 농어촌정비법
374. 식물신품종 보호법
375. 항공보안법
376. 중소기업창업 지원법
377. 군사법원법
378. 우주개발 진흥법
379. 해저광물자원 개발법
380. 산림복지 진흥에 관한 법률
381. 지능형 로봇 개발 및 보급 촉진법
382. 헌법재판소법
383. 옥외광고물 등의 관리와 옥외광고산업 진흥에 관한 법률
384. 혈액관리법
385. 국제항해선박 등에 대한 해적행위 피해예방에 관한 법률
386. 유료도로법
387. 독립유공자예우에 관한 법률
388. 신에너지 및 재생에너지 개발·이용·보급 촉진법
389. 신용정보의 이용 및 보호에 관한 법률
390. 출판문화산업 진흥법
391. 공항시설법
392. 국민 평생 직업능력 개발법
393. 아동·청소년의 성보호에 관한 법률
394. 방송법쉬
395. 신용보증기금법
396. 화장품법
397. 청소년 기본법
398. 인터넷주소자원에 관한 법률
399. 양곡관리법
400. 도로명주소법
401. 전자문서 및 전자거래 기본법
402. 산업기술의 유출방지 및 보호에 관한 법률
403. 국가기술자격법
404. 양식산업발전법
405. 산업기술혁신 촉진법
406. 새만금사업 추진 및 지원에 관한 특별법
407. 전자정부법
408. 지역 개발 및 지원에 관한 법률
409. 한국농어촌공사 및 농지관리기금법
410. 계량에 관한 법률
411. 기업활동 규제완화에 관한 특별조치법
412. 군에서의 형의 집행 및 군수용자의 처우에 관한 법률

해광출판사 대한민국 법령 시리즈

413. 규제자유특구 및 지역특화발전특구에 관한 규제특례법
414. 금융위원회의 설치 등에 관한 법률
415. 남녀고용평등과 일·가정 양립 지원에 관한 법률
416. 농어업인 삶의 질 향상 및 농어촌지역 개발촉진에 관한 특별법
417. 댐건설·관리 및 주변지역지원 등에 관한 법률
418. 국가유산수리 등에 관한 법률
419. 법원조직법
420. 보훈보상대상자 지원에 관한 법률
421. 부패방지 및 국민권익위원회의 설치와 운영에 관한 법률
422. 과학기술분야 정부출연연구기관 등의 설립·운영 및 육성에 관한 법률
423. 연구개발특구의 육성에 관한 특별법
424. 친환경농어업 육성 및 유기식품 등의 관리·지원에 관한 법률
425. 연안관리법
426. 영화 및 비디오물의 진흥에 관한 법률
427. 신용협동조합법
428. 방송통신발전 기본법
429. 범죄피해자 보호법
430. 가축 및 축산물 이력관리에 관한 법률
431. 국가표준기본법
432. 국가통합교통체계효율화법
433. 범죄인 인도법
434. 국가과학기술 경쟁력 강화를 위한 이공계지원 특별법
435. 국제경기대회 지원법
436. 금융혁신지원 특별법
437. 수자원의 조사·계획 및 관리에 관한 법률
438. 축산자조금의 조성 및 운용에 관한 법률
439. 소방시설 설치 및 관리에 관한 법률
440. 양성평등기본법
441. 축산계열화사업에 관한 법률
442. 수입식품안전관리 특별법
443. 대외무역법
444. 국가연구개발사업 등의 성과평가 및 성과관리에 관한 법률
445. 무역보험법
446. 기술사법
447. 광산안전법
448. 농약관리법
449. 농업·농촌 및 식품산업 기본법
450. 문화산업진흥 기본법
451. 부담금관리 기본법
452. 야생생물 보호 및 관리에 관한 법률
453. 한국은행법
454. 별정우체국법
455. 원양산업발전법
456. 콘텐츠산업 진흥법
457. 한국수출입은행법
458. 외국인투자 촉진법
459. 물류정책기본법
460. 전자서명법
461. 산업발전법
462. 산업표준화법
463. 소프트웨어 진흥법
464. 토지이용규제 기본법
465. 해수욕장의 이용 및 관리에 관한 법률
466. 정보통신 진흥 및 융합 활성화 등에 관한 특별법
467. 정보통신산업 진흥법
468. 지진·화산재해대책법
469. 소금산업진흥법
470. 위치정보의 보호 및 이용 등에 관한 법률
471. 외국법자문사법
472. 이러닝(전자학습)산업 발전 및 이러닝 활용 촉진에 관한 법률
473. 암관리법
474. 실용신안법
475. 가족관계의 등록 등에 관한 법률
476. 무인도서의 보전 및 관리에 관한 법률
477. 감사원법
478. 정보보호산업의 진흥에 관한 법률
479. 결혼중개업의 관리에 관한 법률
480. 공익신고자 보호법
481. 박물관 및 미술관 진흥법
482. 낚시 관리 및 육성법
483. 동산·채권 등의 담보에 관한 법률
484. 임금채권보장법
485. 국민투표법
486. 농림수산업자 신용보증법
487. 국가채권 관리법
488. 중소기업은행법
489. 식품안전기본법
490. 외국환거래법
491. 발명진흥법
492. 건설기술 진흥법
493. 기후위기 대응을 위한 탄소중립·녹색성장 기본법
494. 인체조직안전 및 관리 등에 관한 법률
495. 엔지니어링산업 진흥법
496. 신문 등의 진흥에 관한 법률
497. 식물방역법
498. 석탄산업법
499. 산업융합 촉진법
500. 비료관리법
501. 임업 및 산촌 진흥촉진에 관한 법률
502. 복권 및 복권기금법
503. 대규모유통업에서의 거래 공정화에 관한 법률
504. 뉴스통신 진흥에 관한 법률
505. 지능정보화 기본법
506. 자격기본법
507. 중소기업 기술혁신 촉진법
508. 국가공간정보 기본법
509. 농어업재해대책법
510. 방송광고판매대행 등에 관한 법률
511. 지식재산 기본법
512. 초고층 및 지하연계 복합건축물 재난관리에 관한 특별법
513. 해양 조사와 해양정보 활용에 관한 법률
514. 공간정보산업 진흥법
515. 공공기관의 정보공개에 관한 법률
516. 행정기본법
517. 해상교통안전법
518. 농어업재해보험법
519. 문화유산의 보존 및 활용에 관한 법률
520. 자연유산의 보존 및 활용에 관한 법률
521. 국토의 계획 및 이용에 관한 법률
522. 건축법
523. 국민건강보험법
524. 계엄법
525. 환경친화적 선박의 개발 및 보급 촉진에 관한 법률
526. 해양폐기물 및 해양오염퇴적물 관리법
527. 연안사고 예방에 관한 법률
528. 전기안전관리법
529. 의약품 등의 안전에 관한 규칙
530. 공공보건의료에 관한 법률
531. 군보건의료에 관한 법률
532. 농어촌 등 보건의료를 위한 특별조치법

*** 해광출판사의 법령 시리즈는 계속 발행 됩니다.**
**** 각 도서의 개정판은 인쇄일을 기준으로 제작 되었습니다.**